Con gusto A1

Lösungen zum Lehr- und Arbeitsbuch

von
Margarita Görrissen
Pilar Pérez Cañizares

Ernst Klett Sprachen
Stuttgart

1. Auflage   1 11 10 9 | 2019 18 17

Alle Drucke dieser Auflage sind unverändert und können im Unterricht neben-
einander verwendet werden. Die letzte Zahl bezeichnet das Jahr des Druckes.
Das Werk und seine Teile sind urheberrechtlich geschützt. Jede Nutzung in anderen
als den gesetzlich zugelassenen Fällen bedarf der vorherigen schriftlichen
Einwilligung des Verlags. Hinweis zu § 52 a UrhG: Weder das Werk noch seine
Teile dürfen ohne eine solche Einwilligung eingescannt und in ein Netzwerk
eingestellt werden. Dies gilt auch für Intranets von Schulen und sonstigen
Bildungseinrichtungen. Fotomechanische oder andere Wiedergabeverfahren nur
mit Genehmigung des Verlags.

Autoren Dr. Margarita Görrissen, Dr. Pilar Pérez Cañizares

Redaktion Beate Strauß
Gestaltung und Satz Marion Köster, Stuttgart
Illustrationen Jani Spennhoff, Barcelona
Umschlaggestaltung Koma Amok, Stuttgart; Friedemann Bröckel
Druck und Bindung LCL Dystrybucja Sp. z o.o.
Printed in Poland

ISBN 978-3-12-514984-7

Lektionsteil

1 Viaje al español

1 a.
culturas antiguas, ruinas mayas, la catedral de Palma, las ruinas de Machu Picchu, cactus, música, flamenco, cóndor, tacos

b. und c.
1. culturas antiguas, 2. ruinas mayas, 3. la catedral de Palma, 4. las ruinas de Machu Picchu, 5. café, 6. cactus, 7. música, 8. flamenco, 9. paella, 10. tacos

2 b.
1. Antonio Martín Jiménez
2. Javier Gómez Moreno
3. María José López Gutiérrez

4 a.
hola (hallo)
adiós (tschüs)
buenos días (guten Morgen / guten Tag)
buenas tardes (guten Tag / guten Abend)
buenas noches (guten Abend / gute Nacht)
hasta pronto (bis bald)
hasta luego (bis später)
hasta mañana (bis morgen)

b.
saludos: hola, buenos días, buenas tardes, buenas noches
despedidas: adiós, hasta pronto, hasta luego, hasta mañana, buenas noches

5 a und b.
Folgende Buchstaben werden anders ausgesprochen: c, ch, g, h, j, ll, ñ, qu, r, v, z (siehe Grammatik Seite 176)

7 b.
(nombres) favoritos: Lieblings(namen)
niños: Jungen
niñas: Mädchen

10 a.
el teatro, la palabra,
las palabras, las universidades

Männliche Wörter enden meistens auf **-o**, weibliche Wörter meistens auf **-a**.

Um die Mehrzahl zu bilden, fügt man bei Wörtern, die auf Vokal enden, ein **-s** hinzu, bei Wörtern, die auf Konsonant enden, fügt man **-es** hinzu.

12
Estudio español…
– para viajar a Latinoamérica.
– para estudiar en España.
– para comprar una finca en Mallorca.
– para trabajar en México.
– para hablar con la familia de mi pareja.

13 a.
estudias
hablo, hablas, habla, hablamos, habláis, hablan

b.
du: 3
ihr: 2, 6 (in Lateinamerika auch 4, 5, da man dort auch für die vertraute Anrede **ustedes** verwendet)
Sie: 1 (eine Person); 4, 5 (mehrere Personen)

c.
duzen: 2, 4; siezen: 1, 3

Panamericana
a.
México, Guatemala, El Salvador, Honduras, Nicaragua, Costa Rica, Panamá, Colombia, Ecuador, Perú, Chile, Argentina

b.
Foto Ciudad de México: México
Foto Patagonia: Argentina
Foto café: Costa Rica
Foto arquitectura colonial: Nicaragua
Foto lago Titicaca: Perú

2 Primeros contactos

1 a.
Foto 4: Alfredo García

b.
Soy cubano. Vivo en Pamplona. Trabajo en una empresa de transportes.

c.
Lösungsvorschlag:
Foto 1: economista, secretaria
Foto 2: jardinero
Foto 3: informático
Foto 4: operario

2 a.
encantado: wenn ein Mann spricht,
encantada: wenn eine Frau spricht.

c.
formal: ¿Es usted de Cataluña?
informal: ¿Cómo estás? ¿De dónde eres?

4
1. es, 2. soy, 3. son, 4. eres, 5. sois, 6. somos

5 a.
Folgende Buchstaben werden anders ausgesprochen: c, ch, g, h, j, ll, ñ, qu, r, v, z

b.
M

6 c.
¡Estudio español con gusto!

7 a.
Correo electrónico:
Sofia-Romero@yahoo.com
Teléfono: 9419 7933

9
– Antonio García Ruiz, ingeniero, Caracas
– Guadalupe Palaoro, recepcionista, Buenos Aires
– Pilar Gómez Moreno, estudiante, Granada

10 a.
Nombre: Verónica
Apellidos: Borja Martínez
Lugar de nacimiento: Valencia
Lugar de residencia: Sevilla
Puesto actual: secretaria (en una empresa que vende instrumentos musicales)
Función especial: representante de la empresa en el congreso de "la Caixa" en Bilbao
Idiomas: inglés, un poco de italiano y alemán

b.
vivo en Sevilla, **trabajo** con una compañera, **escribimos** cartas y correos electrónicos, **hablamos** por teléfono, yo **organizo** conciertos, **reservo** hoteles, **busco** salas para los conciertos, **tengo** contacto con músicos, **aprendo** cosas nuevas, **hablo** inglés y un poco de italiano, **estudio** alemán, **viajo** a Bilbao, **intercambiar** ideas

Sie kennen schon folgende Verben auf **-ar**: trabajar, hablar, organizar, buscar, estudiar, viajar, intercambiar.
Sie kennen ebenfalls die Verben **ser** und **tener**.
Neu sind die Verben auf **-er** und **-ir**: vivir, vender, escribir, aprender.

In der Ich-Form enden alle Verben auf **-o**.

c.
aprend**o**, viv**o**

Die Endungen sind bei allen Personen gleich, außer bei **nosotros/-as** und **vosotros/-as**: -**emos** / -**imos** und -**éis** / -**ís**.

11
¿**Vives** en Sevilla? ¿**Aprendes** piano? ¿O **eres** músico y no **tienes** piano?
¿**Buscas** una sala de conciertos?

Nosotros **tenemos** la solución para tus problemas: **organizamos** tus conciertos y **reservamos** la sala.

13 **a.**
Arzt / Ärztin
Krankenpfleger/-schwester
Lehrer/in
Architekt/in
Informatiker/in
Klempner/in
Tierarzt/-ärztin
Schriftsteller/in

15
Lösungsvorschlag:
1. ¿Cómo te llamas? / ¿Cómo se llama usted?
2. ¿Dónde vives? / ¿Dónde vive usted?
3. ¿Qué haces? / ¿Qué hace usted?
4. ¿Dónde trabajas? / ¿Dónde trabaja usted?
5. ¿Hablas / Habla usted inglés / idiomas?

16
Jefa de proyectos
Teléfono: 0212 / 981 68 57
anagm@tecno.com

■ **Panamericana**
1 TA**C**OS
2 N**A**HUATL
3 MARIA**C**HIS
4 M**A**YA
5 CHA**O**

Lösungswort: cacao

3 Mi gente

1 **a.**
1. Mamá…
2. Juan…
3. Mateo…
4. Ana María…

b.
Foto 1: hijo   Foto 2: prima
Foto 3: marido   Foto 4: madre, hermana

2 **a.**
hijo, nieto, hermanos, hermana, hijo, sobrino, padre

b.
NO: Nueva fábrica de chocolate en Alicante

3 **a.**

b.

abuelo	*Großvater*	abuela	*Großmutter*
padre	*Vater*	madre	*Mutter*
hijo	*Sohn*	hija	*Tochter*
nieto	*Enkelsohn*	nieta	*Enkeltochter*
hermano	*Bruder*	hermana	*Schwester*
tío	*Onkel*	tía	*Tante*
sobrino	*Neffe*	sobrina	*Nichte*
primo	*Cousin*	prima	*Cousine*

5 **a.**
nuestra (2 x), nuestros, mi (4 x), mis, su, sus

Nuestro/-a und **vuestro/-a** haben männliche und weibliche Formen.
su: *sein/e, ihr/e, Ihr/e*
sus: *ihre, Ihre*

6
Mit **ser** gibt man Namen, Beruf, Herkunft und Identität an.
Mit **estar** gibt man an, wo sich etwas befindet.

8
1. 55, 2. 11, 3. 27, 4. 62, 5. 30, 6. 60, 7. 44

10 **a.**
Cecilia: rubia, delgada, guapa,
comunicativa, un poco difícil, (divorciada).
Ariel: alto, delgado, muy atractivo,
simpático, optimista, un poco tímido,
interesante, (casado).

b.
delgad**o**, excelent**e**
delgad**a**, interesant**e**
original**es**
Adjektive, die auf **-o** enden, bilden die
weibliche Form auf **-a**.

12

	1	2	3	4	5	6
él	X				X	X
ella		X	X			
los dos				X		

14 **b.**
(No) Me gust**a**…
(No) Me gust**an**…
Vor Substantiven im Plural steht **gustan**.

4 Mirador

2
2, 6, 4, 1, 3, 7, 5

3 **a.**
Begrüßung: 2, 3, 4, 8, 9, 10
Abschied: 1, 4, 5, 6, 7

b.
1. 24. ¿Y tú?
2. No, soy de Madrid.
3. Me llamo Carmen Alonso Díaz.
4. Soy secretaria.
5. Tres. Dos hijos y una hija.
6. Para viajar a Bolivia.
7. Es el 09 87 65.
8. Con uve y con acento.

4
¿Cómo te llamas? / ¿Cómo se llama usted?
¿Cuántos años tienes / tiene usted?
¿Dónde vives? / ¿Dónde vive usted?
¿Qué haces? / ¿Qué hace usted?
¿Cómo eres? / ¿Cómo es usted?
¿Cuál es tu / su número de móvil?
¿Cuál es tu / su correo electrónico?

7

Medizin	Ambiente	Autor	gratis
Fernsehen	Technik	Apotheke	aktiv
Informatik	Kurs	Jogurt	Liebe

10 **a.**
1. Hola, me llamo Ana Alonso y estudio
   informática en Salamanca.
2. Uno de mis países favoritos es España
   porque me gustan el vino y las tapas.
3. Me gustan las personas espontáneas y
   comunicativas.

Wortspiel:
El arroz está blando. *(Der Reis ist weich.)*
klingt wie:
El arroz está hablando. *(Der Reis spricht
gerade.)*
¿Y qué dice? *(Und was sagt er?)*

11 **a.**
1. Buen**os** días. Me llam**o** Ana Díaz.
2. Y tú, ¿cómo **te llamas**? /
   Y **usted**, ¿cómo se llama?
3. **El** señor Pérez es **un** arquitecto.
4. ¿Cuándo **es tu** cumpleaños? ¡Hoy! Ya
   tengo 25 **años**.
5. Paco es una persona simpátic**a** y
   optimist**a**.
6. Yo vivo **en** Berlín. Estudio español para
   viajar **a** España.
7. Madrid me gust**a** mucho porque es una
   ciudad intere**s**ante.
8. Mario y yo trabaj**amos** en una fábrica
   de coches.
9. **Nuestro** jefe **está** todos los días en la
   empresa.

10. Vosotros viv**ís** en Italia y habláis italiano, ¿no?

b.
falsches Geschlecht: 1, 5
falsches Wort: 5, 9
falsche Präposition: 6
fehlendes / überflüssiges Wort: 3
falsche Anlehnung ans Deutsche: 4
Verwechslung: 9
Verbform passt nicht zum Subjekt: 1, 2, 7, 8
Verbform ist falsch gebildet: 10
Rechtschreibung oder Zeichen: 7

5 Comer con gusto

1 **b.**

Flasche	*la botella*
Dose	*la lata*
Schachtel	*la caja*

el queso	*Käse*
el cava	*Sekt*
el aceite	*(Speise-)Öl*

el jamón	*Schinken*
el vino	*Wein*
los espárragos	*Spargel*

2 **a.**

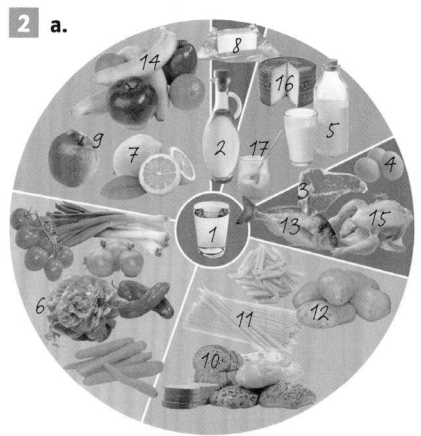

Vegetarisch: agua, aceite, lechuga, limón, manzana, pan, pasta, patatas, plátano, (huevos, leche, mantequilla, queso, yogur)

4 **a.**
(un kilo de) tomates
(un kilo y medio de) manzanas
un melón

b.
tomates, fruta, manzanas, mandarinas, mangos, melón

d.
Quería un kilo de tomates.
Deme un melón, por favor.

Querer und **preferir** ändern den Stammvokal bei **nosotros/-as** und **vosotros/-as** von **e** zu **ie**.
Die Endungen entsprechen den regelmäßigen Verben auf **-er** und **-ir**.

8 **a.**

300	trescientos
400	cuatrocientos
800	ochocientos
10.000	diez mil
30.000	treinta mil

10 **a.**
gambas, albóndigas, jamón serrano

b. und c.
bestellen:
Una ración de gambas, una de albóndigas…
Un agua mineral, por favor.
Para mí, un tinto de la casa.

sich erkundigen:
¿Qué es eso?
¿Lleva ajo?
¿Son picantes?

puedo, podemos

12 a.
5. aceitunas
4. calamares
2. tortilla
1. té
3. sardinas

b.
Abgesehen vom Inhalt können auch die Objektpronomen und Adjektivendungen helfen.

Lo, La, Los, Las

c.
6. La   4. Lo
2. La   1. Los
3. Las   5. Lo

14 b.
Por la mañana el bar abre a las 6.30.
En el desayuno se toman tostadas.
Se almuerza entre las 2 y 2.30.
Al mediodía se puede comer un menú barato.
El bar está abierto todo el día.
Se cena entre las 8 y las 11.
Muchos clientes son turistas.
No es usual sentarse con otros.

se + Verb entspricht dem deutschen *man*.
Folgt ein Substantiv im Plural, so steht das Verb im Plural.

15 b.
2, 3, 5, 1, 4, 6

Panamericana
barco: *Boot, Schiff*

6 Por la ciudad

1 a.
Sevilla: fotos 1, 4, 6
Bogotá: fotos 2, 3, 5

b.
Sevilla:
Es la capital de Andalucía.
Está en el sur del país.
Tiene unos 700.000 habitantes.
Está al lado del río Guadalquivir.
Es famosa por la Semana Santa y la Feria de Abril.
Tiene muchos monumentos de la época árabe.
Tiene una catedral famosa.

Bogotá:
Es la capital de Colombia.
Está en el centro del país.
Tiene unos 6,8 millones de habitantes.
Está en la montaña, en los Andes.
Tiene muchos monumentos de la época colonial.
Tiene una catedral famosa.

c.
Sevilla

2 a.
comer comida típica: en el Barrio de Santa Cruz, en la Bodega "Santa Cruz"
escuchar música: en el teatro Lope de Vega
comprar productos tradicionales: en la calle Sierpes
ver cuadros famosos: en el Museo de Bellas Artes
descansar: en los jardines del Alcázar
ver toda la ciudad: desde la Giralda

b.

gastronomía	partes de la ciudad
desayunar	el centro histórico
el café	el jardín
comer	el barrio
el bar	la calle
el restaurante	la zona peatonal
la bodega	la tienda
la comida	el río
la confitería	
el dulce	
cenar	

monumentos	actividades
la catedral	pasear
la Giralda	desayunar
la torre	visitar
la mezquita	subir
el Alcázar	descansar
el palacio	comer
el museo	ir de compras
el teatro	cenar
	ir

3 a.

hay: hay, Hay, hay
estar: está, está, están

Wenn keine bestimmte Sache gemeint ist, verwendet man **hay**.
Wenn eine bestimmte Sache gemeint ist, verwendet man **estar**.

b.
Barcelona

4 a.
¿Me puede recomendar un restaurante típico?
¿Tiene un plano de la ciudad?
¿Cuánto cuesta una entrada para el concierto de flamenco?
¿Hay visitas guiadas en la catedral?
¿De dónde sale el autobús para Triana?
¿Dónde se pueden comprar sellos?

¿Sabe si el Museo de Bellas Artes abre los lunes?
¿A qué hora abren las tiendas por la tarde?

5 a.

 una farmacia

una cabina de teléfonos

 la oficina de información

 un supermercado

 una panadería

 un restaurante

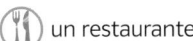 los servicios

 una tienda de discos

 la oficina de Correos

 un cine

 una tienda de modas

b.
1. farmacia, Correos
2. cabina de teléfonos
3. cine, supermercado
4. servicios, cine, farmacia
5. panadería, tienda de modas

c.
a la izquierda, al lado (de), enfrente, delante (de), entre, a la derecha, detrás (de)

6 a.
verdadero: 2, 4, 5, 6

1. La farmacia está **a la izquierda** de la oficina de Correos.
3. Correos está entre la tienda de discos y **la farmacia**.

7 **a.**
1. la semana próxima
2. en avión
3. a un concierto

c.
1 CATEDRAL
2 MUSEO
3 RESTAURANTE
4 AUTOBUS
5 TEATRO
6 HOSPITAL

Buscar un tesoro.

8 **a.**
2, 1, 4, 3, 5

9 **a.**
Primero usted toma la **primera** calle a la derecha y después sigue todo recto hasta **el semáforo**. Allí gira **a la izquierda**. Es la calle 11. Sigue todo recto hasta **la plaza**. Usted tiene que cruzar la plaza. Allí, **enfrente** de la plaza está el edificio. ¿Qué es?

Es la Catedral.

c.
Desde la Catedral usted **sigue todo recto** por la Carrera siete en dirección a Avenida Jiménez. Toma la **tercera calle a la derecha** y luego la **primera calle a la izquierda**. Después tiene que seguir todo recto y **cruzar la Avenida Jiménez**. Enfrente hay un edificio. Allí está el tesoro.

d.

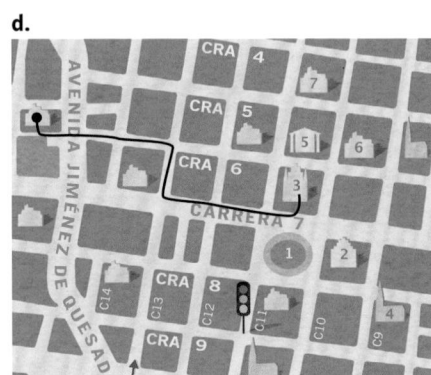

10 **a.**
3, 1, 2, 5, 4

▮ **Panamericana**
1 BOTERO
2 CUMBIA
3 SHAKIRA
4 MEDELLIN
5 FUTBOL
6 TRANSMILENIO

Buseta: *Privatbus in Bogotá*

7 El placer de viajar

1

Lösungsvorschlag:
En Mallorca se pueden visitar monumentos / galerías de arte.
Se puede visitar la catedral de Palma.
Se puede hacer senderismo / deporte.
Se pueden hacer excursiones.
Se puede tomar el sol.
Se puede tomar el tren de las naranjas.

Se puede ir a la montaña.
Se pueden comer ensaimadas.

2 a.
Hotel Islas:
restaurante, piscina, gimnasio, aire acondicionado, garaje
Finca agroturística:
restaurante, piscina, campo de golf
Apartamentos Verdemar:
bicicletas, playa, aparcamiento

b.
en la habitación: baño (completo), calefacción, aire acondicionado, teléfono, TV, minibar, muebles tradicionales, camas, sofá-cama, cocina amueblada, (terraza con mesa y sillas)
en el hotel: restaurante con terraza, gimnasio, sauna, discoteca, garaje
fuera del hotel: piscina, jardín, campo de golf, bicicletas, aparcamiento

3 a.
5	8
1	6
15	2
7	10
9	4
11	12
13	14
3	

Se refiere al Hotel Islas.

4 a.
Le recomiendan Sóller.

	a él	a ella
le gusta la montaña	X	
le encanta la playa		X
le molesta el ruido	X	X
le gusta el senderismo	X	
le interesa la naturaleza		X
le interesa un hotel exclusivo	X	X

b.
Información cliente:
El cliente busca un hotel para sus padres. A ellos **les** interesa un hotel cerca del mar porque a los dos **les** gusta la playa. Buscan una pensión económica, y no **les** molesta el ruido. A él **le** gusta el deporte, especialmente el golf. A ella **le** interesa la naturaleza.

c.
A ella le gusta la playa y a él le gusta la montaña.
Buscan un hotel un poco exclusivo.
Les molesta mucho el ruido.
A él le gusta especialmente el senderismo.

5 b.
también: *auch*
tampoco: *auch nicht*

8 a.
beber	preferir	ser	venir
decir	querer	tener	ir
poner	salir	traer	volver

c.
Hago, Pongo, Salgo, Digo, Traigo, Vengo

9 a.
Es Cuba.

b.
actividades de Lucía: visitar La Habana, ir a un concierto, pasear por el Malecón, visitar una fábrica de tabaco
planes de Lucía: tomar el sol, nadar

c.
he vivido – vivir
he visitado – visitar
he paseado – pasear
he bailado – bailar
he visto – ver
he ido – ir
he hecho – hacer

Hemos ido – hacer
he tenido – tener
habéis comprado – comprar

Man bildet das Perfekt mit dem Präsens von **haber** und dem Partizip Perfekt des Hauptverbs.

visit**ado**, viv**ido,** hecho, visto

10 a.

1. dormido
2. comido
3. hablado
4. estado
5. visitado
6. hecho
7. pasado

12 a.
Ha ido a Yucatán.
Ha ido en avión y en autobús.
Le ha gustado el viaje.

b.
correcto:
Los autobuses son muy buenos.
Yucatán le ha gustado mucho.
Las ciudades mayas le han impresionado mucho.
Ha comido platos típicos muy ricos.

c.
Los autobuses son muy (sehr) buenos.
Yucatán le ha gustado mucho (sehr).
Ha viajado mucho (viel) en coche.
Las ciudades mayas le han impresionado mucho (sehr).
Ha comido platos típicos muy (sehr) ricos.
Ha tenido muchos (viele) problemas en el viaje.

sehr: **muy** vor Adjektiven und Adverbien, **mucho** nach Verben

d.
A nosotros nos gusta **mucho** viajar, pero a veces es **muy** caro, sobre todo si vamos a un hotel. Tenemos **muchos** problemas porque somos una familia **muy** grande y por eso vamos **mucho** a la casa de los abuelos en el campo. Además, para mí es **muy** difícil encontrar un hotel adecuado porque el ruido me molesta **mucho**. Este año, por ejemplo, he viajado **mucho** y he estado en **muchos** hoteles **muy** ruidosos. Silencio, yo necesito **mucho** silencio.

13 a.
1. **En un restaurante:** La mujer no ha pedido sopa, sino ensalada.
2. **En un hotel:** La mujer ha reservado la habitación con bañera y sólo tiene ducha.
3. **Han alquilado un coche:** El aire acondicionado del coche no funciona.

b.
jmd. ansprechen:
Oiga, por favor.
Perdone, …
Buenas noches.
Mire, …
Buenas tardes.

reklamieren:
Perdone, pero… (no… sino…)
Mire, es que tengo un pequeño problema.
Tenemos un problema con…
Es que… no funciona.

sich entschuldigen:
Disculpe.
Lo siento. Ha sido un error.
Perdone las molestias.

reagieren:
No pasa nada.
Está bien. Gracias.
Gracias. Muy amable.

8 Mirador

3, 2, 6, 1, 4, 5

3 **a.**
vendedor: 1, 2, 6, 7, 9, 10
cliente: 1, 3, 4, 5, 8, 10

b.
1. No, es interior y muy tranquila.
2. Claro. El "Sol" es bueno y no es muy caro.
3. En el estanco. Hay uno aquí cerca.
4. A las ocho de la tarde.
5. Sí, todos los días a las 11.
6. En julio no, sólo en agosto.
7. En la próxima parada.
8. Entre 15 y 30 euros.

5
1. carta	*Brief*
Karte	*tarjeta*
2. mapa	*Landkarte*
Mappe	*carpeta*
3. vaso	*(Wasser-)Glas*
Vase	*florero*
4. bombón	*Praline*
Bonbon	*caramelo*
5. incluso	*sogar*
inklusive	*incluido*

7 **a.**
1 c, 2 a, 3 b

b.
2, 1, 3, 2, 3, 1

8 **a. und c.**
Hola Montse:
¿Qué tal? Por fin **estoy** en Bolivia. Vivo con una fami**li**a muy **si**mpática. La madre se llama Carmen y trabaja en una o**fi**cina **en** Cochabamba. El padre se llama Ignacio y es taxis**ta**. Habla muy rápido y muchas ve**ces** yo **no** entiendo **nada**.
Yo trabaj**o** en una escuela **en el** centro de Cochabamba (clases **de inglés**). Me pagan mil **quinientos** pesos. (¡Sí, 1.500!) Apr**e**ndo **e**spañol por la mañana pero **es** muy difícil. Todavía **no he** ido a La Paz, **l**a capital.

Voy en oc**tu**bre. Quiero visitar**la** y ver los museos y monumentos.
¿Y **tú** cómo estás? Vas **a** Alemania **en** coche?
Saludos, Ulrike

9 Caminando

2 **a.**
1. El Camino de Santiago es una ruta de peregrinación.
2. La gente hace el Camino por motivos turísticos o religiosos.
3. La ruta más famosa es el Camino Francés.
4. La mejor época para hacer el Camino es la primavera.
5. Los albergues de peregrinos son alojamientos sencillos y baratos.

b.
verdaderas: 2, 3, 5
falsas: 1, 4

c.
Los hoteles son **más** caros **que** los albergues.
Los albergues cuestan **menos que** los hoteles.
La ruta **más** famosa es el Camino Francés.

3
1. más… que	4. menos… que
2. más… que	5. menos
3. mejor… que	6. tan… como

4 **b.**
levantarse – *aufstehen*
lavarse – *sich waschen*
ponerse (ropa) – *(sich) anziehen*
concentrarse – *sich konzentrieren*
aburrirse – *sich langweilen*
cansarse – *müde werden*
relajarse – *sich entspannen*

separarse – *sich trennen*
ducharse – *(sich) duschen*
acostarse – *sich hinlegen, ins Bett gehen*

c.
antes de caminar:
se levanta a las seis, se lava, se pone ropa
cómoda, desayuna con sus compañeros,
se pone un sombrero, estudia la ruta, se
concentra en las etapas
durante el camino:
camina, habla, conoce a otros peregrinos,
ve paisajes diferentes, no tiene prisa, se
cansa, hace pausas, se relaja, come, sigue
solo, toma fotos, escribe su diario del viaje
después de caminar:
se ducha, mira las estrellas, se acuesta

5 a.
Lösungsvorschlag:
Mucha gente hace el Camino…
- para conocer / encontrar a otros
  peregrinos / a gente del lugar / a
  personas interesantes
- para visitar iglesias / lugares históricos
- para disfrutar de la naturaleza / de la
  tranquilidad

6 a.
Una mochila, una camiseta y un anorak.

7
Lösungsvorschlag:
Jaime es más delgado que Manolo.
Jaime es más alto que Elvira y Manolo.
Jaime lleva gafas de sol.
Jaime lleva unos pantalones azules.
Jaime lleva un mapa.
Elvira lleva gafas / sandalias.
Elvira lleva un sombrero verde.
Elvira lleva un bastón.
Elvira tiene una cámara fotográfica.
Manolo es rubio.
Manolo lleva unos pantalones cortos.
Manolo no lleva gafas.
Manolo lleva una botella.

8 b.
- En cuatro días.
- No, solamente se puede ir en grupos
  pequeños y con un guía.
- Se recomienda pasar unos días en Cusco
  (3.250 m) para acostumbrarse a la altura.
- En abril hace sol, pero a veces está
  nublado.
- En enero, febrero y marzo llueve mucho.
- Porque hace viento y frío.

9 b.

 ¡Qué calor hace!

$-8°$ ¡Qué frío hace!

 ¡Cómo nieva!

 ¡Cómo llueve!

 ¡Qué viento hace!

12 a.
Foto 1: Estamos caminando.
Foto 2: Ernesto está tomando fotos.
Foto 3: Roberto está hablando por
teléfono.
Foto 4: Estoy haciendo una pausa.

b.
Roberto (foto 3) está hablando por
teléfono con su padre.
Roberto está haciendo el Camino Inca. Su
padre está en el cine esperando a su mujer.

c.
esperando – esperar
haciendo – hacer
tomando – tomar
desayunando – desayunar
visitando – visitar
hablando – hablar
caminando – caminar

Im Deutschen: *gerade etwas tun*

14

Lösungsvorschlag:
Un chico está durmiendo.
Una chica está tocando la guitarra.
Una chica está escribiendo su diario del viaje.
Un chico está bebiendo agua.
Un chico está leyendo el periódico.
Un chico está tomando / haciendo una foto de su amiga.
Un hombre está hablando / llamando por teléfono.

10 Tengo planes

1 a.
cuidar las plantas en el jardín, dibujar, pasear por la playa, jugar al golf, leer el periódico, preparar una comida para los amigos, ver una buena película.

2 c.
saber: *Fähigkeit, Wissen*

3 a.
1. **Aurora y Federico:**
   - van a salir / bailar
   - mañana a las nueve
   - a la Paloma
2. **Manuel y su amigo:**
   - van a comer
   - a las nueve
   - al restaurante Siete Puertas

b. und c.
proponer:
¿Por qué no vamos a…?

aceptar / rechazar:
¡Qué bien!
Ay, pues sí. ¡Qué ilusión!
Pues, vale, perfecto.
Pues… mañana sí.
Lo siento, es que estoy (muy) cansada.

4
1. la carne
2. el billete
3. la película
4. la mochila
5. el mar

6 b.
actividades de tiempo libre: ir al cine, hacer deporte, ver la tele, salir a comer
actividades durante la comida: charlar, contar anécdotas, conocer quizás a otros invitados
los temas de conversación: la comida, el trabajo, los estudios, la familia, las vacaciones

7 b.
1. russischer Salat
2. Omelett
3. Obstsalat
4. *Vanillepudding mit fester Karamell-schicht*
5. Kartoffelomelett
6. Irish Coffee
7. *flacher Mandelkuchen*
8. Sachertorte
9. Reis kubanischer Art (*mit Spiegelei, Banane und Tomatensoße*)

c.
1, 5, 8, 3, 7

8 a.
tortilla español**a**
tortilla frances**a**
pizzas italian**as**

b.
Lösungsvorschlag:
Soy un típico ciudadano cosmopolita del siglo XXI. Por eso tengo un coche **alemán**, me gustan la carne **argentina**, el café **italiano**, el chocolate **danés**, el queso **holandés**, el pescado **noruego** y el aceite de oliva **español**. Tengo un móvil **finlandés**,

un reloj **suizo** y muchos de los muebles de mi casa son **suecos**. En invierno voy a esquiar a las montañas **austríacas**. Escucho música **inglesa** y me encantan las películas **francesas**.

9 a.

ella: ensalada mixta, merluza a la plancha
él: arroz a la cubana, pollo asado con verdura, crema catalana
los dos: vino tinto de la casa, agua

b.

frases que escucha: 1, 2, 3, 6

10 a.

ein(en) Löffel, noch ein Messer, etwas Salz, noch etwas Brot

b.

un poco de mantequilla, otra copa de vino, una botella de agua, una servilleta, un poco más de pan, un poco de sal, un tenedor, un poco más de salsa

11 Mi nueva casa

1 a.

ventajas: una cocina moderna, un baño con ventanas, un dormitorio grande, un salón con mucha luz, el alquiler
inconvenientes: la calle es un poco ruidosa, los vecinos son un poco antipáticos

2 a.

10	cocina	2	bañera
11	nevera	4	espejo
8	microondas	3	lavadora
9	lavaplatos	1	ducha
15	mesa	6	cama
14	silla	5	armario
12	sofá	16	lámpara
17	estantería	7	escritorio
13	televisor		

b.

el microondas, la nevera, la mesa y las cuatro sillas de la terraza, la tele, el espejo

3 a.

El anuncio de la derecha.

4 a.

Lösungsvorschlag:
Hay 24 gatos:
Hay un gato encima del camión.
Hay uno detrás de la tele.
Hay dos detrás de las puertas del camión.
Hay dos debajo del camión.
Hay uno detrás del cuadro.
Hay uno en la estantería.
Hay uno debajo del escritorio.
Hay uno detrás del microondas.
Hay uno debajo de la cómoda roja.
Hay uno en la cómoda.
Hay uno encima de la nevera.
Hay dos detrás de la cama.
Hay uno en el sofá.
Hay uno debajo del sofá.
Hay uno detrás de la mesa.
Hay uno sobre el armario.
Hay dos en el armario.
Hay uno debajo del armario / detrás del espejo.
Hay uno en una caja.
Hay uno detrás de una caja.

5 a.

1 c, 2 b, 3 e, 4 d, 5 a

6 a.

todos, la mayoría, algunos, la mitad, el 30 %, muchos, muy pocos, el 60 %, el 80 %, casi nadie

b.

2	(casi) todos	*(fast) alle*
5	la mayoría	*die Mehrheit*
1	la mitad	*die Hälfte*
4	algunos/-as	*einige*
3	(casi) nadie	*(fast) niemand*

7 **b.**
5, 1, 4, 2, 3

c.
nació – nacer
estudió – estudiar
aprendió – aprender
empezaron – empezar
decidió – decidir
se fue – irse
trabajó – trabajar
realizó – realizar
explicó – explicar

d.
trabaj**ó**, aprend**ió**, fue

8
hablo – hablé
encuentro – encontré
explico – expliqué
como – comí
voy – fui
bebo – bebí
escribo – escribí
trabajo – trabajé
uso – usé
tomo – tomé
pregunto – pregunté
vivo – viví
llego – llegué
soy – fui

9 **a.**
Nací, estudié, aprendí, decidí, Fui, encontré, trabajé, realicé, hablé

b.
1. Fernando Botero
2. Gabriel García Márquez
3. Cecilia Roth
4. Pablo Picasso
5. Pedro López Lloret
6. Javier Mariscal

10
fuiste, comiste, tomaste, compraste, fuiste, pasaste, conociste, compraste, te mudaste, escribiste, te tomaste, dormiste

11 **a.**
1. El cacao en las culturas prehispánicas
2. De América a Europa
3. La expansión por Europa
4. El chocolate en la actualidad

b.
El cacao llegó a Europa en el siglo XVI
pero al principio no gustó a los europeos.
La primera fábrica de chocolate
se abrió en Europa en 1819.
Los alemanes no tomaron el chocolate
como bebida, sino como medicina.
En las culturas prehispánicas
el cacao se usó como alimento y moneda.

12
1. probaron, gustó
2. llegó, se adaptó, clasificaron
3. empezó
4. llegó

Es el tomate.

12 Mirador

2
5, 3, 2, 6, 4, 1

3 **a.**
- ¿Dígame?
- Hola, Pedro. Soy Silvia.
- Hola, Silvia, ¿cómo estás?
- Bien, bien. Te llamo para ver si vienes conmigo al Rex. Es la semana del cine latinoamericano.
- ¿Cuándo, hoy por la noche?
- Sí, a las diez ponen "Lluvia", que me interesa.

- Ah, sí, leí algo sobre esa película. ¿Es chilena?
○ No, argentina. Y dicen que es muy buena.
- Vale, vamos juntos a verla. ¿Quedamos a las nueve en el bar de siempre?
○ Claro, buena idea. Así podemos picar algo…

b.
1. Crema catalana, fruta o flan.
2. Pues… está un poco salada, la verdad.
3. La semana pasada, el martes.
4. Hombre, están encima de la cama.
5. Sí, hay uno cerca de la Plaza Mayor.
6. No, pero como poca carne.
7. Mucho viento, pero no hace frío.
8. Un buen anorak y zapatos muy cómodos.

5 **a.**
helado de chocolate
sopa de tomate
agencia de viajes
medio de transporte
fiesta de cumpleaños
actividad de tiempo libre

… indem man zwei Substantive mit **de** verbindet, wobei der zweite Teil des deutschen Wortes immer an **erster** Stelle steht.

b.
vuelo barato
habitación individual
centro comercial
fiesta familiar
piso alquilado
oferta cultural

… durch die Kombination von einem **Substantiv** und einem **Adjektiv** wiedergeben. Die Reihenfolge ist: **Substantiv – Adjektiv**.

6 **a.**
Lösungsvorschlag:

hacer frío	*kalt sein*
hacer deporte	*Sport treiben*
hacer viento	*windig sein*
hacer cámping	*campen, zelten*
hacer la maleta	*den Koffer packen*
hacer sol	*sonnig sein*
tener frío	*frieren*
tener 35 años	*35 Jahre alt sein*
tener un gato	*eine Katze haben*
tener prisa	*es eilig haben*
tener tiempo	*Zeit haben*
tener gafas	*eine Brille haben*
tener zapatos negros	*schwarze Schuhe haben*
tomar un taxi	*ein Taxi nehmen*
tomar alcohol	*Alkohol trinken*
tomar una cerveza	*ein Bier trinken*
llevar la maleta	*den Koffer tragen*
llevar alcohol	*Alkohol enthalten*
llevar gafas	*eine Brille tragen*
llevar ajo	*Knoblauch enthalten*
llevar zapatos negros	*schwarze Schuhe tragen*

7 **a. und b.**
Hola Mercedes:
¡El viaje es súper! Ahora **estamos** en Argentina. Lars y yo **hemos** conocido **a** otros aleman**es** que van también por la Panamericana y ahora **estamos** en una pensión. Por la noche los otros juegan **a las** cartas, pero yo no, porque yo no **sé** "Bridge". Yo **toco** la guitarra y miro las estrellas, que son fantástic**as** aquí. Hace buen tiempo y no **hace** frío. Mañana vamos **a** seguir y tenemos que levantar**nos** a las seis. No me gust**a**, pero es **necesario** porque la ruta es muy larga.
Bueno, muchos saludos de Markus y Lars

Übungsteil

1 Viaje al español

1 **a.**

Resultados:
Argentina 1 – Brasil 3
Ecuador 2 – Perú 0
Bolivia 2 – México 2
Uruguay 3 – Colombia 4
Chile 1 – Venezuela 0

b.

Clasificación:

Colombia	10 puntos
Brasil	9 puntos
México	8 puntos
Argentina	8 puntos
Uruguay	6 puntos
Ecuador	5 puntos
Bolivia	5 puntos
Chile	4 puntos
Perú	2 puntos
Venezuela	2 puntos

2

siete	tres
ocho	cero
seis	cinco
diez	uno

3

1.
● Buenos días. ¿Cómo se llama usted?
○ Soy Santiago Márquez, ¿y usted?
● Carmen Luna Jiménez.

2.
● Hola, ¿cómo te llamas?
○ Marta, ¿y tú?
● Yo soy Ricardo.

4

22:00	Buenas noches.
8:00	Buenos días.
17:00	Buenas tardes.
12:00	Buenos días.

5

Nachsprechübung.

6 **a.**

2 Ana Martínez Marcos
3 Carlos Jiménez Torres
1 Celia Pérez Ramos
2 Gabriel Castillo Sierra
3 Juan García Zapatero
1 Lucía Gil Sánchez
2 Lucía Quesada Ramírez
3 Luis Rodríguez Cercas
2 Pilar González Ortega

b.
Carmen: Carlos, Castillo, Quesada
Cecilia: Celia, Zapatero, Cercas
Gustavo: Gabriel, García, González
José: Jiménez, Juan, Gil

7 **a.**
Lösungsvorschlag:
Essen: naranja, aceite, arroz, chocolate, tomate
Gebäude: restaurante, catedral, museo, discoteca
Sprachen: español, árabe, latín, inglés
Familie: familia, niños, bebé

b.
naranja *(Orange)*, restaurante *(Restaurant)*, aceite *(Öl)*, catedral *(Kathedrale)*, arroz *(Reis)*, español *(Spanisch)*, museo *(Museum)*, árabe *(Arabisch)*, chocolate *(Schokolade)*, latín *(Latein)*, familia *(Familie)*, tomate *(Tomate)*, discoteca *(Diskothek)*, inglés *(Englisch)*, niños *(Kinder)*, bebé *(Baby)*

8

Singular:	Plural:
el nombre	los nombres
la ciudad	las ciudades
el país	los países
la información	las informaciones
la noche	las noches
el niño	los niños
la palabra	las palabras
el número	los números
el día	los días
el problema	los problemas

9

yo	trabajo, viajo
tú	estudias, hablas
él / ella / usted	compra, escucha
nosotros/-as	escuchamos, trabajamos
vosotros/-as	viajáis, estudiáis
ellos/-as / ustedes	hablan, pasan

10

Lösungsvorschlag:
Antonio y María hablan inglés y español / tres idiomas.
Marc pasa las vacaciones en la playa / en México.
Nosotros viajamos a Argentina.
Tú escuchas música clásica.
Yo trabajo en una empresa internacional / en México.
Vosotros estudiáis inglés y español / tres idiomas / en México.

11

1. usted: señora Ribas
2. vosotros: trabajáis
3. tú: estudias
4. usted: se llama usted
5. tú: tú, te llamas
6. tú: estudias, trabajas
7. ustedes: hablan
8. usted: es usted, señor

12

1 c, 2 g, 3 e, 4 f, 5 d, 6 b, 7 h, 8 a

13

Lösungsvorschlag:
el banco:
el euro, el cheque, los clientes, el crédito, las divisas
la oficina:
el fax, la fotocopiadora, el teléfono, la organización, el monitor
la presentación:
los clientes, la organización, el público, la tarjeta de visita, el diagrama, la sala, el seminario
el personal:
el director general, la secretaria, la organización, la tarjeta de visita, el jefe de personal

14 **a.**
Betonungsregeln.

b.
ape**lli**do, ho**tel**, **nú**mero
música, gra**má**tica, **pla**ya,
via**jar**, pro**ble**ma, tra**ba**jan,
in**glés**, universi**dad**, **ho**la,
choco**la**te, ciu**dad**, vaca**cio**nes

c.

☐☐■	☐■☐	■☐☐
espa**ñol**	pa**la**bra	**Mé**xico
ho**tel**	ape**lli**do	**nú**mero
via**jar**	**pla**ya	**mú**sica
in**glés**	pro**ble**ma	gra**má**tica
universi**dad**	tra**ba**jan	
ciu**dad**	**ho**la	
	choco**la**te	
	vaca**cio**nes	

d.
Freie Übung.

15

Chile, **Is**las Ga**lá**pagos, Pana**má**, Es**pa**ña, Ecua**dor**, Tene**ri**fe, A**mé**rica, **Á**frica, Ca**ri**be, El Salva**dor**, Re**pú**blica Domini**ca**na, Bogo**tá**

Portfolio
Lösungsvorschlag:
- Me llamo… / Soy…
- ¿Cómo te llamas? / ¿Cómo se llama usted?
- Buenos días. / Buenas tardes. / Buenas noches.
- Adiós. / Hasta luego.
- ¿Qué significa "aceite"?
- Estudio español para viajar a Cuba.

- cero, uno, dos, tres, cuatro, cinco, seis, siete, ocho, nueve, diez.
- *Ausspracheübung.*
- el teatro – los teatros, el hotel – los hoteles, la noche – las noches.
- yo hablo, tú hablas, él / ella / usted habla, nosotros/-as hablamos, vosotros/-as habláis, ellos / ellas / ustedes hablan.

2 Primeros contactos

1
Lösungsvorschlag:
1. ● ¿Cómo se llama usted?
   ○ Marcela Martínez. ¿Y usted?
2. ● ¿Cómo estás? / ¿Cómo está usted?
   ○ Muy bien, gracias. ¿Y tú / usted?
   ● Bien, bien también.
3. ● ¿De dónde sois / son ustedes?
   ○ De Santiago de Chile. ¿Y vosotros / ustedes?
   ● Somos de Guadalajara.

2
Lösungsvorschlag:
Yo soy de Berlín.
Tú escuchas música.
Él viaja a España.
Usted estudia español.
Nosotras hablamos con los amigos.
Vosotros trabajáis en un hotel.
Ellas hablan con la familia.
Ustedes son de Berlín.

3
1. usted, yo
2. Vosotros, yo
3. usted, Yo
4. Tú, yo, él

4 a.
1 c, 2 d, 3 a, 4 b

b.
1. –, –
2. el
3. la, La
4. La

5
José Abarizqueta Castellón

6 a. und b.
1 e, 2 b, 3 a, 4 c, 5 d, 6 f

7
1. ¿Cómo te llamas? / ¿Cómo se llama usted?
2. ¿De dónde eres? / ¿De dónde es usted?
3. ¿Cuál es tu / su número de teléfono?
4. ¿Tienes / ¿Tiene (usted) correo electrónico?
5. ¿Hablas / ¿Habla (usted) español?
6. ¿Para qué estudias / estudia (usted) inglés?

8
Yo tengo
Tú tienes
Él tiene
Nosotros tenemos
Vosotros tenéis
¡Ellos no!

9 a.

-ar	-er	-ir
busco	aprendo	escribo
intercambias	vendes	vives
reserva	aprende	escribe
viajamos	aprendemos	escribimos
compráis	vendéis	vivís
organizan	venden	viven

Die 1. Person Singular *(yo)* endet bei allen regelmäßigen Verben auf **-o**.
Die Verben auf **-er** und **-ir** haben dieselben Endungen, mit Ausnahme der 1. und 2. Person Plural *(nosotros/-as, vosotros/-as)*.

b.

-ar	-er	-ir
busco	aprendo	escribo
intercambias	vendes	vives
reserva	aprende	escribe
viajamos	aprendemos	escribimos
compráis	vendéis	vivís
organizan	venden	viven

Bei der 1. und 2. Person Plural *(nosotros/-as, vosotros/-as)* wird die Endung betont.

 a.
- Tú **eres** informático, ¿verdad, Luis? ¿De dónde **eres**?
- Soy de Cali, pero **vivo** en Bogotá.
- ¿Y dónde **trabajas**?
- **Trabajo** en una empresa que **vende** ordenadores.
- ¡Ah! **Tienes** un trabajo interesante, ¿verdad?
- ¡Sí! Mi trabajo **es** muy interesante.
- ¿Y **viajas** mucho?
- Sí, también **organizo** seminarios en diferentes ciudades.
- ¡Ah! ¿Y **tienes** unos compañeros simpáticos?
- Sí, **son** muy simpáticos. Y el jefe también.
- Un trabajo interesante, compañeros y jefe simpáticos… ¿Cómo se llama la empresa?

b.
Lösungsvorschlag:
Luis es de Cali, pero vive en Bogotá. Es informático y trabaja en una empresa que vende ordenadores. Tiene un trabajo muy interesante. Viaja mucho y también organiza seminarios en diferentes ciudades. El jefe y los compañeros de Luis son muy simpáticos.

Verónica es – secretaria y trabaja en **una** empresa en Sevilla. Es **una** empresa que vende – instrumentos musicales. Trabaja en **una** oficina muy moderna con **una** compañera que es – secretaria también. **Las** chicas viajan mañana a **un** congreso para intercambiar – ideas y aprender – cosas nuevas. **El** jefe de las chicas es – economista. Es **un** jefe autoritario, pero muy competente.

12
1. La Caixa no es un supermercado, es un banco.
2. María José no es un niño, es una niña.
3. Enrique no es profesor, es enfermero.
4. Peter no es de Colombia, es de Colonia.
5. "Carta" no significa *Karte*, significa *Brief*.
6. Alicia no habla árabe, habla inglés y francés.

13
1. No, soy economista.
2. No, no es médico.
3. No, no estudiamos español.
4. No, no trabajo aquí.

14
Nombre: Juan Manuel
Apellidos: Gómez García
Ciudad: Santiago de Cuba
Teléfono: –
Móvil: 610 711 833
Correo electrónico: juan-manuel@terra.com
Curso de idioma: inglés

Lösungsvorschlag:
policía, camarero, enfermera, ama de casa, recepcionista, estudiante, músico, escritora, médico

16
Freie Übung.

17 a.
Ausspracheübung.

b.
Nachsprechübung.

Portfolio
Lösungsvorschlag:
- Soy… / Me llamo…
- ¿De dónde eres / es usted? – Soy de Berlín.
- ¿Cómo estás / está usted? – Bien, gracias.
- ¿Cuál es tu / su teléfono? ¿Y tu / su correo electrónico? – Es el…
- No, no soy de aquí.
- ¿Qué haces / hace usted? ¿Dónde trabajas / trabaja usted? – Soy enfermera y trabajo en un hospital.
- ¿Cómo se escribe el apellido? – Erre - u - i - zeta.
- yo soy, tú eres, él / ella / usted es, nosotros/-as somos, vosotros/-as sois, ellos / ellas / ustedes son.
- yo tengo, tú tienes, él / ella / usted tiene, nosotros/-as tenemos, vosotros/-as tenéis, ellos / ellas / ustedes tienen.
- yo aprendo, tú aprendes, él / ella / usted aprende, nosotros/-as aprendemos, vosotros/-as aprendéis, ellos / ellas / ustedes aprenden.
- yo vivo, tú vives, él / ella / usted vive, nosotros/-as vivimos, vosotros/-as vivís, ellos / ellas / ustedes viven.

3 Mi gente

1

Personen:
hijo, pintor, marido, empleado, hermana, enfermera, padres, ama de casa, abuelos, médico, policía, escritora, primo, gente, pianista
Verwandtschaftsbezeichnungen:
hijo, marido, hermana, padres, abuelos, primo

2 a.
padre, hijo/-a, hermano/-a, abuelo/-a, marido, madre, nieto/-a, mujer

b.
Freie Übung.

3

Los "Valor" son una **familia** con pasión por el **chocolate**. Tienen una **fábrica** de chocolate en Villajoyosa que exporta sus productos a muchos **países**. "Chocolates Valor" es una **empresa** familiar, son cinco **generaciones** de chocolateros.

4 a.

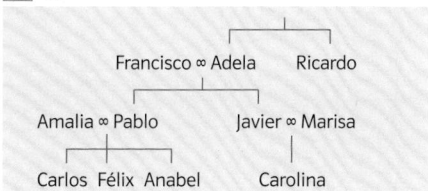

b.
1. hermanos
2. padres
3. prima
4. tío
5. marido
6. sobrino
7. abuelo

5 a.

- Tu / Su familia es muy especial, ¿verdad?
- Sí, **mi** familia es muy especial. Casi todos trabajan en el circo. Son ya tres generaciones de artistas de circo. Ahora **mi** tío Javier es el director, pero también **mi** madre, **mis** dos hermanos y **mi** abuelo, a **sus** 75 años, trabajan ahí. **Nuestro** circo es famoso en todo el país.

b.
Anabel.

6

Lösungsvorschlag:
La señora Rosales es de Bolivia / tiene tres hijos.
El hotel está en España / está al lado del restaurante.
Marbella es una ciudad española / tiene playas famosas.
Toda la familia está en España.
Antonio es mi sobrino / tiene 47 años.
Elvira es enfermera en este hospital.
Cuba tiene playas famosas.

7

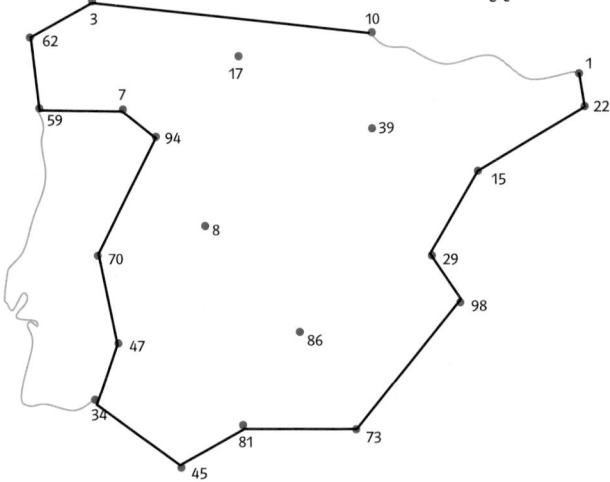

8

... – cuarenta y ocho – noventa y seis
... – treinta – diez
... – sesenta y tres – setenta
... – cincuenta y cinco – cuarenta y cuatro
... – sesenta – setenta y cinco

9 a.

Dina Rot es una cantante de Chile. Sus canciones son muy original**es**. También es escritor**a** y canta textos de autores famos**os** como por ejemplo Pablo Neruda o Federico García Lorca. Dina es una mujer fascinant**e**; es moren**a** y no muy alt**a**. Es optimist**a** de carácter.
Tiene dos hijos que son artist**as** famos**os**: Ariel y Cecilia. Su apellido es Rotenberg, pero Rot es más práctic**o**. Una información interesant**e**: Dina y Ariel escriben su apellido sin "hache", pero Cecilia escribe "Roth" con "hache".

b.
- ¿Quién es Cecilia?
- ¿Cuántos años tiene?
- ¿Qué hace?
- ¿Dónde vive?
- ¿Cómo se llama su hijo?
- ¿Qué hace?

10

Lösungsvorschlag:
un concierto excelente
una actriz guapa
mucho trabajo importante
mucha gente optimista
muchos hombres morenos
muchas palabras difíciles
muchas historias interesantes
un hospital grande
un dentista antipático
un niño rápido

11

1. Dolores, 2. Miguel, 3. Victoria,
4. Fernando, 5. María, 6. Arturo

12 a.
Freie Übung.

b.
Freie Übung.

c.
1. (No) me gusta mi trabajo.
2. (No) me gustan las discotecas.
3. (No) me gusta el chocolate.
4. (No) me gusta escuchar música.

13 a.
Lösungsvorschlag:
1. marzo, abril, mayo
2. julio, agosto, septiembre
3. diciembre, enero, febrero
4. marzo, abril
5. julio, agosto
6. septiembre, octubre

b.
Freie Übung.

c.
Treinta días tiene septiembre con abril,
junio y **noviembre**; los otros tienen treinta
y uno, menos **febrero** mocho que tiene
veintiocho.

14

- La dirección general es responsable de la dirección de la empresa.
- El departamento de recursos humanos es responsable de los cursos de formación para los empleados.
- El departamento de compras es responsable de las compras.
- El departamento de exportación es responsable de las exportaciones.
- El departamento de márketing es responsable de la publicidad y las relaciones públicas.
- El departamento de informática es responsable de los ordenadores.
- El departamento jurídico es responsable de los asuntos legales.
- El departamento de contabilidad es responsable de los balances de la empresa.
- La recepción es responsable de las llamadas telefónicas.

15 a.
Ausspracheübung.

b.
Nachsprechübung.

■ Portfolio
Lösungsvorschlag:
- Tengo dos hermanos.
- ¿Quién es Ariel Rot?
- El director está en su oficina.
- ¿Cuántos años tienes? – Tengo 45 años.
- Mi madre es morena y optimista.
- Me gusta mi trabajo. No me gustan los hoteles grandes.
- Hoy es el 16 de febrero.

- nuestra familia, mi trabajo, sus colegas.
- yo estoy, tú estás, él / ella / usted está, nosotros/-as estamos, vosotros/-as estáis, ellos / ellas / ustedes están.
- doce, cincuenta y siete, treinta y cuatro.

– una persona simpática, coches
  pequeños.

4 Mirador

1

1. es, 2. interesante, 3. gusta, 4. tengo,
5. nuestra, 6. hablamos, 7. una, 8. en, 9. es,
10. Trabajáis

2

1 b, 2 a, 3 a, 4 a

3

1 c, 2 a, 3 d

4

1 c, 2 a, 3 b

5

Freie Übung.

5 Comer con gusto

1 a.

– chocolate
– mantequilla, aceite
– carne, leche, queso, pollo, yogur, pescado
– patatas, pan, pasta
– verdura, fruta, lechuga, manzana,
  plátano, tomate
– té, agua mineral

b.
Freie Übung.

2 a.

nunca, casi nunca, pocas veces, muchas
veces, todos los días, siempre

b.
Freie Übung.

3
Lösungsvorschlag:
1. Una botella de agua, cava, cerveza –
   aceite
2. Un paquete de arroz, café, pasta –
   mantequilla
3. Una lata de espárragos, tomate, aceite –
   cerveza
4. Un litro de agua, leche, vino – zumo
5. Un kilo de manzanas, naranjas, patatas –
   jamón

4

Dos latas de sardinas, una botella de
aceite, tres kilos de patatas, seis huevos,
un kilo y medio de manzanas, un litro de
leche, 200 gramos de queso, un paquete de
mantequilla.

5 a.
1 e, 2 d, 3 b, 4 a, 5 c

b.
Kunde: 1, 3, 5
Verkäufer: 2, 4

6

Vendedor:	Aquí tiene los tomates y las manzanas. ¿Qué más **quiere**, doña Aurelia?
Doña Aurelia:	¿**Tiene** melones? Es que me gustan mucho los melones.
Vendedor:	No, lo siento. Pero **tengo** mangos muy buenos. ¿No **quiere** usted mangos?
Doña Aurelia:	¿Mangos? ¿Eso qué es? Yo **prefiero** la fruta de aquí: el melón de Villaconejos y las manzanas de Lleida. Naranjas, ¿**tiene** naranjas de Valencia?
Vendedor:	Sí. ¿Cuánto **quiere**?
Doña Aurelia:	Medio kilo. Eso es todo, gracias.

7 **a.**

olivo: *Olivenbaum*
producción: *Produktion, Herstellung*
tonelada: *Tonne*

b.

1. 6.000	4. 80	7. 100
2. 300	5. 1.000.000	8. 5
3. 280.000.000	6. 120.000	9. 13

8

970 €, 590 €, 393 €, 240 €, 184 €, 132 €, 115 €

9

querer, preferir, tener, probar, querer,
poder, preferir, ser, poder, probar, estudiar,
aprender, vivir, tener, ser, estar

10

Lösungsvorschlag:
• Buenos días, ¿qué quieren?
○ ¿Tienen patatas bravas?
• Sí, claro. ¡Y muy buenas!
○ Entonces una ración de patatas bravas y
  una (ración) de gambas a la plancha.
• ¿Y para beber?
○ Dos cervezas, por favor.
• Muy bien. Enseguida, señores.

11

1. aceitunas
2. tortilla
3. bocadillo
4. espaguetis

12 **a.**

Lösungsvorschlag:
El pescado frito (no) lo quiero con mucho
ajo, por favor.
Las naranjas (no) las quiero para zumo.
Las manzanas (no) las prefiero verdes.
El té (no) lo prefiero con limón.
Los bocadillos los preparáis con huevo,
tomate y lechuga, ¿o no?

La paella (no) la tienen de pollo y gambas,
¿verdad?
Las sardinas ¿(no) las tienen en lata?

b.
Markt:
Las naranjas…
Las manzanas…
Las sardinas…
Bar:
El pescado frito…
El té…
Los bocadillos…
La paella…

13

Falta(n) un plato, una servilleta, un
vaso, una copa de vino, un cuchillo, dos
tenedores y dos cucharillas de café.

14

1. Se desayuna en casa.
2. Se toman tapas con amigos.
3. Se paga la cuenta por separado.
4. Se bebe mucha cerveza.
5. Se comen muchas aceitunas.
6. Se toma vino en el almuerzo.

Lösungsvorschlag:
España: 2, 3, 4, 5, 6

15

1. concierto	21:00
2. clase de español	16:30
3. fiesta	11:00
4. avión	6:45

16

1. Muchos españoles no desayunan **por** la
   mañana, pero **a** las diez toman un café.
2. **Al** mediodía, muchas personas van **a** un
   bar **para** comer algo.
3. **Por** la tarde, muchos niños toman un
   bocadillo **de** jamón o queso.
4. Mucha gente cena tarde, incluso es
   normal cenar **a** las once **de** la noche.

17

9:15	Sr. Farías, Seat
10:30	presentación del catálogo
12:00	cita: Sr. Holguín
14:00	restaurante "La Cava": empresa Plástix
17:00	golf
20:30	avión a Ámsterdam

18 **a.**

Ausspracheübung.

b.

Nachsprechübung.

Portfolio

Lösungsvorschlag:
- Un litro de aceite, un paquete de bombones, dos kilos de patatas.
- ¿Tiene mangos?
- ¿Cuánto cuesta el kilo?
- Prefiero el té con leche.
- Una ración de albóndigas, por favor.
- ¿Lleva ajo la sopa?
- ¿Qué hora es? – Son las tres y media.

- ciento uno, quinientos cuarenta, tres mil cien.
- yo quiero, tú quieres, él / ella / usted quiere, nosotros/-as queremos, vosotros/-as queréis, ellos / ellas / ustedes quieren.
- yo prefiero, tú prefieres, él / ella / usted prefiere, nosotros/-as preferimos, vosotros/-as preferís, ellos / ellas / ustedes prefieren.
- yo puedo, tú puedes, él / ella / usted puede, nosotros/-as podemos, vosotros/-as podéis, ellos / ellas / ustedes pueden.
- Los bocadillos, ¿los preparas con tomate y lechuga?
- En el desayuno se toman tostadas.

6 Por la ciudad

1 **a. und b.**
Freie Übung.

2
1. concierto → bar
2. pintor → iglesia
3. precio → plaza
4. cuadro → nuevo
5. a la plancha → por la mañana
6. espectacular → comer

3 **a.**
Lösungsvorschlag:
- subir a la Sagrada Familia
- pasear por el centro histórico
- ir de compras a la zona peatonal
- visitar el Museo Picasso
- comprar cerámica en las Ramblas
- probar dulces típicos en la confitería "Reñé"
- cenar en los bares del Barrio Gótico

b.
Freie Übung.

4

Hola Michael:
Hoy es el 15 de julio y ya **estoy** en Alicante. Alicante **es** una ciudad preciosa que **está** en el este de España, en el Mediterráneo. **Es** famosa por sus playas y porque **es** la ciudad del turrón y de los zapatos. ¿Te gusta el turrón? ¡**Es** un dulce delicioso! Aquí **hay** mucha vida nocturna, porque **hay** muchos estudiantes. **Hay** bares, discotecas y restaurantes muy cerca de mi hotel. También **hay** monumentos interesantes, como el Castillo de Santa Bárbara o la Catedral. ¿Dónde **estás** tú ahora? ¿No quieres venir unos días también?
Un abrazo,
Elsa

5

martes:	mañana: Museo Arqueológico
miércoles:	catedral
jueves:	descansar, playa, pasear por el centro
viernes:	21:00 concierto de jazz, Castillo de Santa Bárbara
sábado:	salir con Sebastián por el centro

6 **a.**
Lösungsvorschlag:
1. En un quiosco.
2. En una panadería.
3. En la oficina de información.
4. En Correos.
5. En una farmacia.
6. En el cine.

b.
Lösungsvorschlag:
1. En una confitería se pueden comprar dulces.
2. En una perfumería se puede comprar perfume.
3. En la estación de autobuses se pueden comprar billetes.
4. En un museo se pueden ver cuadros.
5. En una parada de taxis se puede tomar un taxi.
6. En un bar se puede tomar una cerveza.

c.
Freie Übung.

7
El caballo está a la derecha del árbol.
El caballo está a la izquierda del árbol.
El caballo está sobre / en el árbol.
El caballo está detrás del árbol.
El caballo está a la derecha / al lado del árbol.

8
1. una panadería
2. los servicios
3. Correos
4. un restaurante
5. una cabina de teléfonos

9
Lösungsvorschlag:
Para ir de la estación al teatro tomo el metro / voy en metro.
Para ir de la escuela a la playa voy en bicicleta.
Para ir de Correos a la universidad voy en autobús.
Para ir del hotel al aeropuerto tomo el metro.
Para ir de Sevilla a Madrid tomo el avión / el tren.
Para ir del museo a la ópera voy en autobús.
Para ir del trabajo a casa voy en coche / a pie.

10

ir	pedir	seguir
voy	pido	sigo
vas	pides	sigues
va	pide	sigue
vamos	pedimos	seguimos
vais	pedís	seguís
van	piden	siguen

preferir	poder
prefiero	puedo
prefieres	puedes
prefiere	puede
preferimos	podemos
preferís	podéis
prefieren	pueden

11
1 b, 2 d, 3 e, 4 c, 5 h, 6 a, 7 g, 8 f

12

línea, cambiar, dirección, bajar, tomar, parada, bajar

13 a.

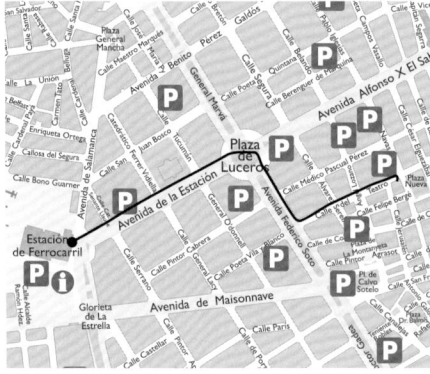

b.

Lösungsvorschlag:
Desde la Rambla de Méndez Núñez tomas la calle T.C. Chápuli y sigues todo recto hasta la calle de Gerona. Al final de la calle cruzas una plaza grande, que se llama Plaza de Calvo Sotelo, y tomas una avenida grande, la Avenida de Maisonnave. Cuando llegas al final de la avenida, en la Glorieta de la Estrella, giras a la derecha y ahí está la estación.

14

1. Yo soy **de** Toledo, pero vivo **en** Madrid.
2. **Por** la mañana voy **a** la universidad **en** autobús o **a** pie.
3. **A** las dos voy **al** bar con mis compañeros y después voy **a** casa.
4. Una vez **por** semana voy **al** cine y dos veces **al** año voy **al** teatro.
5. Mañana voy **a** Madrid **en** tren **a** las cuatro **de** la tarde.
6. **Para** ir **a** la estación tengo que bajar **en** la segunda parada.

15

Sr.	señor	*Pl.*	plaza
Sra.	señora	*dcha.*	derecha
Sres.	señores	*izda.*	izquierda
Avda.	avenida	*n°*	número
C/	calle	*1°*	primero

16 a.

Betonungsregeln.

b.

<u>pi</u>do, <u>pi</u>des, <u>pi</u>de, pe<u>di</u>mos, pe<u>dís</u>, <u>pi</u>den.
<u>pue</u>do, <u>pue</u>des, <u>pue</u>de, po<u>de</u>mos, po<u>déis</u>, <u>pue</u>den.
pre<u>fie</u>ro, pre<u>fie</u>res, pre<u>fie</u>re, prefe<u>ri</u>mos, prefe<u>rís</u>, pre<u>fie</u>ren.

Portfolio

Lösungsvorschlag:
– Mi ciudad está en el norte de Alemania. Hay una universidad importante.
– ¿Hay un hotel por aquí? – El hotel "Sol" está en la plaza Colón.
– ¿Sabe si el museo abre los lunes? ¿Dónde se puede cenar bien?
– Primero, después, luego, al final.
– Voy en coche al trabajo. Tomas el autobús en dirección al centro.
– Giras a la derecha. Sigues todo recto.

– norte, sur, este, oeste.
– lunes, martes, miércoles, jueves, viernes, sábado, domingo.
– *vor* – delante, *hinter* – detrás, *nahe* – cerca, *weit weg* – lejos.
– una vez por semana, dos veces al año.
– yo voy, tú vas, él / ella / usted va, nosotros/-as vamos, vosotros/-as vais, ellos / ellas / ustedes van.
– yo sigo, tú sigues, él / ella / usted sigue, nosotros/-as seguimos, vosotros/-as seguís, ellos / ellas / ustedes siguen.

7 El placer de viajar

1 a.
Lösungsvorschlag:
Viaje cultural:
ver una iglesia, visitar museos, ver una galería, pasear por el centro histórico, ir a un concierto, leer mucho
Vacaciones activas:
hacer senderismo, subir a una montaña, nadar, practicar deporte, ir en bicicleta
Vacaciones de descanso:
ir a la playa, no hacer nada, tomar el sol, nadar, leer mucho

b.
Freie Übung.

2
Lösungsvorschlag:
- ¿Tienen habitaciones libres?
- ¿Es interior?
- ¿Cuánto cuesta?
- ¿Es con desayuno incluido?
- ¿Tiene garaje?

3 a.
Querido Manuel:
Estamos en Cartagena, una ciudad precios**a**. El hotel es hermos**o**, es una finca antigu**a**, de la época colonial. Nuestr**a** habitación no es muy grand**e**, pero está amueblad**a** con un gusto exquisit**o**. Los muebles son tradicional**es** y en la mesa hay una cesta con frutas exótic**as**. ¡Los mangos son delicios**os** aquí en Colombia! El baño es muy modern**o** y tenemos aire acondicionad**o**, porque con este clima, ¡lo necesitas! También tenemos una terraza pequeñ**a** que da a un jardín tranquil**o** con árboles muy alt**os**. Mañana vamos a ver el centro histórico, que es muy famos**o**.
Un abrazo, Luisa

b.
Freie Übung.

4
- Bien, señores. ¿Tienen ya alguna idea sobre el viaje? ¿Qué **les** gusta más, el mar o la montaña?
- A nosotros **nos** encanta la montaña, claro.
- ¿Cómo que "claro"? ¡Tú sabes que a mí no **me** gusta nada la montaña! Y a los niños **les** gusta el mar.
- ¡Qué dices! A Juan **le** encanta caminar.
- Sí, caminar **le** gusta mucho, pero por la playa.
- Bueno, bueno, pero a Pablo y a mí **nos** encanta pasear por la montaña.
- Pero Antonio. A Pablo sólo **le** interesa ir a la montaña con sus amigos…
- Ejem, señores Pérez. Quizá si miran primero estos catálogos de Mallorca…

5
1. lo, 2. me, 3. nos, 4. te, 5. os, 6. lo, 7. le, 8. le

6 a.
1. ir a la sauna, 2. comprar un cuadro, 3. probar un vino, 4. hacer senderismo, 5. ir en avión, 6. comer mucho ajo

b.
1. ≠, 2. =, 3. =, 4. =, 5. =, 6. ≠

7
Lösungsvorschlag:
1. ☺ A mí también.
   ☹ A mí no.
2. ☹ Yo no.
   ☹ Yo tampoco.
3. ☹ A mí tampoco.
   ☺ A mí sí.
4. ☺ Yo también.
   ☹ Yo no.

8
1. una bicicleta, un coche, una habitación
2. un billete, una ensaimada, una cama extra
3. el próximo tren, autobús, avión

4. el desayuno, la vuelta, la comida
5. una parada de taxis, un mercado, una oficina de Correos
6. una cama, una silla

9 a.

Lösungsvorschlag:

Appartment:
Salgo cuando quiero, también por la noche.
Traigo a mis compañeros a dormir.
No tengo que dar explicaciones si no quiero comer.
Pongo la música que me gusta.

Gastfamilie:
Cocinan para mí.
Pongo la música que me gusta.
Tengo que seguir las reglas de la casa.
Puedo hablar con gente en las comidas.
Tengo un contacto personal con la gente.

b.

Freie Übung.

10

- Usted **es** una persona muy famosa y además **está** en un momento especial de su vida, ¿no?
- Bueno. Sí, **tengo** muchos proyectos muy interesantes y en este momento **hago** una película con mi director favorito.
- Ah, qué bien… Y usted **tiene** un hijo pequeño. ¿Cómo **organiza** su vida familiar?
- Sí, David **tiene** dos años, y cuando yo **salgo** de viaje, **está** con mi ex marido.
- Entonces ustedes **tienen** una buena relación.
- Sí, sí, excelente.

11

Freie Übung.

12 a.

1. han estado, 2. han conocido, 3. ha sido, 4. han alquilado, 5. han visto, 6. han escrito, 7. han hecho, 8. ha gustado, 9. han hecho, 10. ha pensado

b.

Frases correctas: 1, 2, 3, 4, 5, 7, 8

13

Actualmente **muchos** turistas van a Cuba porque hay ofertas **muy** buenas de **muchas** agencias de viajes. **Mucha** gente visita en primer lugar la capital, La Habana, una ciudad **muy** alegre y llena de **muchas** sorpresas. En **muchos** barrios de la ciudad hay por ejemplo **muchas** casas que son ejemplos maravillosos de arquitectura colonial. La Habana tiene **muchos** hoteles, además de **muchos** museos y galerías de arte. El barrio de "El Vedado" es **muy** antiguo y para **muchos** cubanos es el centro de la vida de la ciudad. Tiene **muchas** tiendas y discotecas y también **muchos** restaurantes y centros nocturnos. Otro lugar **muy** famoso es "El Malecón". A los turistas les gusta **mucho** pasear por esta avenida al lado del maravilloso mar Caribe.

14

1 f, 2 d, 3 c, 4 a, 5 b, 6 e

15

Lösungsvorschlag:

1. Tenemos un problema. Nosotros hemos reservado una habitación con vistas al mar, pero nuestra habitación da a la calle.
2. Camarero/-a, me ha traído un bocadillo de queso, pero yo he pedido uno de jamón.
3. Oiga, he pedido tres entradas para el teatro pero me han dado sólo dos.
4. Mire, es que tengo un pequeño problema. He alquilado un coche, pero el aire acondicionado no funciona.
5. Disculpe, pero nuestra ducha no funciona, no hay agua caliente.

16

Ya ha contestado el correo electrónico del día, pero todavía no ha visto los datos de ventas.
Ya ha buscado la lista de productos y ha hecho la encuesta a los clientes, pero todavía no ha preparado la presentación del proyecto.
Todavía no ha ido a comer con el Sr. García.
Ya ha escrito la carta para el Sr. Solórzano, pero todavía no ha llamado a María por su cumpleaños.

17 **a.**
Ausspracheübung.

b.
Nachsprechübung.

Portfolio
Lösungsvorschlag:
- ¿Tienen habitaciones libres?
- A mí me gusta hacer senderismo.
- A mí no. A mí sí.
- ¿Dónde puedo alquilar un coche?
- Esta semana he ido al teatro.
- Perdone, he pedido un bocadillo de jamón y no de queso.

- A ellos no les interesa.
- yo hago, tú haces, él / ella / usted hace…
  yo pongo, tú pones, usted pone…
  yo salgo, tú sales, usted sale…
  yo traigo, tú traes, usted trae…
  yo digo, tú dices, usted dice…
  yo vengo, tú vienes, usted viene…
- he / has / ha / hemos / habéis / han estado, sido, ido, hecho, dicho, puesto, visto, abierto, escrito, vuelto.
- mucha gente muy simpática.

8 Mirador

1
1. estoy, 2. he, 3. en, 4. hay, 5. se puede, 6. a, 7. me, 8. mucho, 9. quiero, 10. ya

2
1. (–)	3. (–)
2. (–)	4. (+)

3
1 d, 2 b, 3 a, 4 e

4
1. (–)	3. (–)
2. (+)	

5
Lösungsvorschlag:
Estimados señores:
Me llamo Adrian Schmidt y me interesan los cursos de español de la Universidad de Burgos, pero tengo algunas preguntas. Primero quiero / me interesa saber a qué hora empieza el curso por la mañana.
¿Me pueden decir si ofrecen excursiones?
¿Hay habitaciones individuales?
Gracias por su ayuda.
Saludos,
Adrian Schmidt

9 Caminando

1
Lösungsvorschlag:
blanco: yogur, arroz, ajo, leche
amarillo: limón, plátano, tortilla, sol, maíz
rojo: tomate, gazpacho, manzana
azul: mar, piscina, cielo
verde: lechuga, árbol, manzana, selva
marrón: café, árbol, pan, chocolate
negro: café, noche

2

Lösungsvorschlag:
una camiseta naranja,
un anorak rojo,
un sombrero negro,
unos pantalones azules,
una falda amarilla,
muchas camisas blancas,
muchos zapatos marrones,
un jersey verde / gris

3

1. Rubén, 24 años, camarero, camisa roja, rubio
2. Íñigo, 18 años, estudiante, camiseta blanca, moreno
3. Juan Carlos, 45 años, informático, chaqueta verde, moreno

4

1. más… que
2. menos… que
3. tan… como
4. tan… como
5. menos… que
6. más
7. más
8. más

5 a.

Etapas 1, 5, 6, 8, 11

b.

la etapa…	Elías	Pilar
… más bonita	8	11
… más dura	1	11
… más larga	6	5

6

el almuerzo	cenar
el desayuno	beber
la comida	viajar
la cocina	trabajar
la ducha	ir
la entrada	volver

7 a.

1. A las ocho se levanta.
2. A las ocho y diez se ducha.
3. A las ocho y veinticinco desayuna.
4. A las nueve menos cuarto se va a la universidad.
5. A las nueve y cuarto está en clase.
6. A las dos come.
7. A las cinco vuelve a casa.
8. A las siete y media hace deporte.
9. A las diez y media se acuesta.

b.

Lösungsvorschlag:
Hoy Miguel se ha levantado a las doce. No ha desayunado. Tampoco se ha duchado. Se ha ido directamente a la universidad. Y ha llegado a la clase de la una. A las dos ha comido en la cafetería. A las tres ha vuelto a casa. Ha dormido una siesta de tres horas. No ha ido al gimnasio. Quiere acostarse a las nueve.

8

Lösungsvorschlag:
¿Cómo te concentras en el examen?
¿A qué hora te levantas todos los días?
¿Es verdad que te duchas antes del desayuno?
¿Siempre te cansas en las excursiones?
¿Cuándo te acuestas los fines de semana?
¿Por qué te aburres en el trabajo?
¿Por qué no te relajas después de comer?

9

Querido Alberto:
¿Qué tal estás? Ya hemos llegado **a** Sevilla y hemos visitado **a** Rocío, la hermana de Juan. Tiene – tres niños muy simpáticos y por fin yo he podido conocer **a** su marido. También hemos visitado – monumentos famosos, por ejemplo – la Giralda y hemos comido – unas cosas deliciosas, porque Rocío conoce – los mejores bares. Mañana hacemos una excursión **a** la costa para conocer – los pueblos de la región

y queremos probar otra vez – la cocina tradicional. ¡Ah! **A** la niña le he comprado unos zapatos preciosos para bailar flamenco y **a** ti también te llevamos – un regalo.
Besos,
Manolo y Celia

10
3, 1, 2

11
1. unos pantalones
2. un bocadillo
3. un autobús
4. una tarta
5. unas camisetas
6. una falda

12
Lösungsvorschlag:
- Buenos días. Quería una blusa.
- La quiero azul.
- Es muy grande.
- Sí, me gusta mucho. ¿La tienen también en azul?
- ¿Cuánto cuesta?

13
1. Hace buen tiempo.
2. Hace sol.
3. Llueve. / ¡Cómo llueve!
4. Hace viento. / ¡Qué viento hace!
5. Hace calor. / ¡Qué calor hace!
6. Hay niebla.
7. Hace frío. / ¡Qué frío hace!
8. Está nublado.
9. Nieva. / ¡Cómo nieva!

14
Lösungsvorschlag:
1. El señor está leyendo el periódico.
2. Los niños están jugando al fútbol.
3. La señora está hablando por teléfono / por el móvil.
4. El hombre está tocando la guitarra.
5. El hombre está comiendo un bocadillo.
6. El turista está haciendo fotos.

15
1. Sí, ya las he hecho. / En este momento estoy haciéndolas / las estoy haciendo.
2. Sí, ya se han duchado. / En este momento están duchándose / se están duchando.
3. Sí, ya lo he hecho. / En este momento estoy haciéndolo / lo estoy haciendo.
4. Sí, ya las han preparado. En este momento están preparándolas / las están preparando.
5. Sí, ya los he puesto. / En este momento estoy poniéndolos / los estoy poniendo.
6. Sí, ya lo he llamado. / En este momento estoy llamándolo / lo estoy llamando.

16
Lösungsvorschlag:
El primer día de trabajo no conviene llegar tarde a la oficina.
Es importante aprender los nombres de los colegas.
Es mejor ir a comer con los colegas.
No es necesario ponerse ropa nueva y elegante.
No se recomienda hablar mucho de su vida privada.
No conviene hablar por teléfono con amigos.
No conviene comprar un regalo para el jefe.

17 a.
Ausspracheübung.

b.
Nachsprechübung.

Portfolio
Lösungsvorschlag:
- El hotel es más caro que el albergue.
- Me levanto a las siete y media.
- Hace sol. Llueve. Está nublado.

- Es mejor llevar una mochila. Se recomienda comer poco.
- ¿Qué estás haciendo? – Estoy leyendo el periódico.
- Tengo unos pantalones negros y una camiseta verde.
- grande – mayor, bueno – mejor, malo – peor.
- yo me levanto, tú te levantas, él / ella / usted se levanta, nosotros/-as nos levantamos, vosotros/-as os levantáis, ellos / ellas / ustedes se levantan.
- yo conozco, tú conoces, él / ella / usted conoce, nosotros/-as conocemos, vosotros/-as conocéis, ellos / ellas / ustedes conocen.
- este autobús, esa señora, esos pantalones.
- visitar – visitando, salir – saliendo, leer – leyendo.

10 Tengo planes

1 **a.**

Lösungsvorschlag:
- ir al cine / de compras / en bicicleta / al parque / a un coro
- jugar al tenis / en internet / en el parque / con amigos
- leer en internet / en el desayuno / en el parque / el periódico
- navegar en / por internet
- tocar el piano / el pastel
- cantar en un coro / con amigos
- preparar el desayuno / un pastel
- salir al cine / de compras / en bicicleta / al parque / con amigos
- pasear en bicicleta / por el parque / con amigos

2

1. puede
2. puede, sé
3. sabe, puede

3

Lösungsvorschlag:
Querido Marc:
Madrid es una ciudad fascinante. Hoy he ido a la Puerta del Sol y luego he recorrido la ciudad en un autobús turístico. Después he visitado el Museo del Prado. ¡Es muy interesante! Al final he comido algo en el Museo del Jamón, he descansado en la Plaza Mayor y como ves, he escrito postales.
Mañana voy a pasear por el Parque del Retiro por la mañana, luego voy a ver el estadio Santiago Bernabéu y quizás voy a hacer compras en la Gran Vía.
Un abrazo.

4

Lösungsvorschlag:
1. Buena idea. ¿A qué hora quedamos?
2. Qué pena, pero no podemos. Es que tenemos aquí a los nietos.
3. Lo siento, el sábado es el cumpleaños de mi padre. ¿Qué tal otro día?
4. Vale, perfecto. ¿Quedamos a las siete?

5

Lösungsvorschlag:
- Hola, Laura, soy Isabel.
- Bien. ¿Tienes ganas de ir al cine?
- ¿Qué tal a las ocho delante del cine?
- ¡Qué ilusión! Entonces hasta luego.

6

Hola, Nuria:
Esta semana no **te** he llamado, perdona. Es que mi hermana Ángela está con**migo** aquí en casa por dos semanas. Estoy pasando mucho tiempo con **ella** porque **la** veo muy poco y a nosotras **nos** encanta estar juntas. Tú **la** conoces. ¿**La** recuerdas? Es la que vive en Chile. ¡Pero como ves, no **te** olvido! Un día de estos **te** llamo y salimos las tres juntas, ¿vale?
Beso, Lety

7

Lösungsvorschlag:
- El gazpacho es una sopa fría que lleva tomate y otras verduras.
- La ensalada mixta se come fría y lleva lechuga y tomate.
- La tortilla española se puede comer fría o caliente y lleva huevos y patatas.
- Las patatas bravas se comen calientes y llevan una salsa de mayonesa, ketchup y tabasco.
- La macedonia de frutas se come fría y lleva diferentes frutas, por ejemplo plátano, manzana y naranja.
- La paella se come caliente y lleva arroz, pollo, verdura y gambas.
- Las albóndigas se comen calientes y llevan salsa de tomate.

8

¿Conoce usted los restaurantes **que** están de moda en Madrid?
En el centro le recomendamos el restaurante Sergi Arola, **donde** el famoso chef presenta sus creaciones en un ambiente muy exclusivo. En las afueras, usted puede comer en el Antiguo Convento de Boadilla del Monte, **donde** se sirven excelentes carnes y platos tradicionales. Otra posibilidad es La Dorada, un restaurante **que** ofrece especialidades de pescado y **donde** los clientes cenan en pequeñas cabinas. Finalmente, recomendamos The Grill Club, un restaurante **donde** usted puede disfrutar de un menú internacional y **que** es conocido por sus platos especiales.

9

1. Una bebida española.
2. Un baile argentino.
3. Una especialidad italiana.
4. Un plato turco.
5. Unas montañas italianas.
6. Un coche alemán.
7. Una tienda de muebles sueca / suecos.
8. Una marca de ropa española.

10

Lösungsvorschlag:
- calamares al ajillo / al horno / a la plancha
- pollo al ajillo / al horno / a la plancha
- merluza al horno / a la plancha
- helado de chocolate / de manzana
- chuleta de cerdo / al ajillo / al horno / a la plancha
- tarta de chocolate / de patatas / de verdura / de tomate / de manzana
- sopa de patatas / de verdura / de tomate
- zumo de verdura / de tomate / de manzana
- ensalada de patatas / de tomate
- bocadillo de cerdo / de patatas / de tomate / de verdura / de jamón
- arroz a la cubana
- gambas al ajillo / al horno / a la plancha
- tortilla de patatas

11 a.

Lösungsvorschlag:
Primer plato: sopa de tomate, espaguetis, ensalada de tomate
Segundo plato: gambas a la plancha, merluza frita, chuleta de cerdo, pollo al ajillo
Postre: helado de chocolate, macedonia de frutas, tarta de queso, crema catalana
Bebida: zumo de naranja, cerveza, agua con o sin gas, vino de la casa

b.
- Buenas tardes. ¿Qué van a tomar?
- Buenas tardes. Para mí primero una sopa de tomate y luego la merluza.
- Pues yo tomo de primero los espaguetis y de segundo la chuleta.
- De acuerdo. ¿Para beber, qué les traigo?
- Una botella grande de agua, por favor. Con dos vasos.

- Y para mí además una copa de tinto de la casa.
- Muy bien. ¿Quieren elegir el postre ya o más tarde?
- ○ Yo no quiero postre, gracias.
- Yo sí, y ya sé qué quiero: crema catalana.
...
- ¿Algo más, señores?
- Sí, dos cafés. Tenemos un poco de prisa. ¿Nos trae la cuenta, por favor?
- Claro, enseguida.

c.
Freie Übung.

12 a.
1. Perdón, quería otro cuchillo, por favor.
2. ¿Me puede traer un poco más de sal?
3. Para mí otra cerveza, por favor.
4. ¿Me trae un poco más de pan, por favor?
5. Camarero, otra tarta de chocolate, por favor.

b.
Lösungsvorschlag:
Quiero un poco más de dinero / pan / chocolate / tortilla / tiempo libre.
Quiero otro puesto de trabajo / otro sello / otra tarta de queso / otra cerveza / otro abrazo / otro chocolate / otro programa informático / otra tortilla / otro filete de ternera / otra botella de agua.

13
1. están, Están
2. es, Está
3. es, Es, Es
4. está, está

14
Lösungsvorschlag:
1. La sopa no está caliente.
2. El gazpacho es una sopa fría de tomate.
3. El postre me gusta mucho.
4. Camarero, quiero / quería otra cerveza, por favor.

5. La tarta de manzana está muy dulce.
6. La cuenta, por favor.
7. Los tacos son un plato típico mexicano.
8. La salsa está muy picante.

15
Nombre: Eduardo Pascual (empresa Capitán)
Día: viernes
Hora: 21:30
Número de personas: 8
Teléfono de contacto: 912 940 618

16 a.
Ausspracheübung.

b.
Ausspracheübung.

Portfolio
Lösungsvorschlag:
- En mi tiempo libre me gusta jugar al golf o ver una buena película.
- El sábado voy a preparar una comida para los amigos.
- ¿Tienes ganas de ir a bailar? – Lo siento, es que estoy muy cansado.
- ¿Cuándo quedamos? – ¿Qué tal el viernes por la noche?
- Es un plato que lleva arroz y verdura.
- De primero una sopa de tomate.
- La carne está muy rica.

- No sé italiano, pero puedo hacer un curso.
- conmigo, contigo, para mí, para ti.
- Me gustan las películas francesas.
- otro vaso de vino, un poco más de sal.

11 Mi nueva casa

piso, mudanza, afueras, metro, luz, ventanas, ruidoso, edificio, planta

2

1. organizadora → cocina
2. escritorio → comedor
3. regalo → mesa
4. rápido → antiguo
5. piso → avión
6. ordenado → ordenador
7. al horno → detrás

3

1. un armario
2. un sofá
3. una lavadora
4. una lámpara
5. un espejo
6. un piso

4 a.

Alcalá.

b.

Alberto Aguilera:
ventajas: tiene buen precio, son sólo diez minutos a pie del trabajo, tiene cuatro dormitorios
inconvenientes: es un cuarto piso sin ascensor

Alcalá:
ventajas: es tranquilo e interior, está cerca del metro, en 20 minutos puede estar en el trabajo
inconvenientes: tiene sólo tres dormitorios

Alameda de Osuna:
ventajas: tiene cuatro dormitorios, una terraza de 40 m²
inconvenientes: desde ahí tiene que ir en coche al trabajo, es un poco más caro, la cocina está sin amueblar

5

6

correcto: 3, 5

1. Hay **dos** dormitorios.
2. El salón está **a la derecha** de la cocina.
4. El baño está detrás, **a la izquierda**.
6. La cocina es **más pequeña** que el salón.
7. En el salón hay un gato **en el / encima del** sofá.

7

Lösungsvorschlag:
1. ¿Te gusta? Todavía tengo que comprar muchas cosas.
2. Pues no ha sido muy cara, la verdad. / Sí, pero tiene poca luz.
3. Uy, pues es viejo, la verdad.
4. No está mal. Es cómodo. / ¿Te gusta? Es del rastro.

8

Presente: hablo, vive, explicamos, como, bebemos, vivimos, toman, preguntáis, explican, llegas
Indefinido: llegaste, usó, encontré, explicamos, fuimos, bebimos, trabajasteis, vivimos, explicaron, comió, fui

9

nació, publicó, trabajó, empezó, salió, publicaron, dibujó, empezó

10

– A principios del siglo XX los hermanos Wright **inventaron** el primer avión.

- En 1965 los Beatles **cantaron** por primera vez *El submarino amarillo*.
- En mayo del 68 los estudiantes franceses **salieron** a la calle para protestar contra la política.
- En 1875 Alexander Graham Bell **habló** por primera vez por teléfono.
- En 1885 Karl Benz **inventó** el primer coche.
- En el siglo XVII Cervantes **escribió** *Don Quijote de la Mancha*.
- En 2008 España **ganó** el Campeonato Europeo de Fútbol.
- En julio de 1969 Neil Armstrong **llegó** a la luna en el Apolo 11.

11 **a.**

Normalmente Pedro **se levanta** a las siete, pero el domingo **se levantó** a las diez.
Normalmente **va** al trabajo sin desayunar, pero el domingo **desayunó** en la cama.
Normalmente **come** en la cafetería de la empresa, pero el domingo **comió** en casa.
Normalmente **toma** dos cafés en la oficina, pero el domingo **tomó** un café con los amigos.
Normalmente **llama** por teléfono a sus clientes, pero el domingo **llamó** a su novia.
Normalmente no **tiene** tiempo de ver a los amigos, pero el domingo **fue** de excursión con ellos.
Normalmente **trabaja** muchas horas, pero el domingo **fue** al cine.
Normalmente **se acuesta** antes de las diez, pero el domingo **se acostó** muy tarde.

b.
Freie Übung.

12 **a.**
Lösungsvorschlag:
en 2002, hace dos años, el verano pasado, el 3 de marzo, en octubre, el mes pasado, el viernes, hace dos días, esta semana, ayer, esta mañana, hoy

b.
Perfekt: hoy, esta semana, esta mañana
Indefinido: en 2002, hace dos años, ayer, el mes pasado, el 3 de marzo, hace dos días, el verano pasado, en octubre, el viernes

13
1. se conocieron, ha empezado
2. ha vuelto, ha preparado, ha invitado, salieron
3. ha reservado, abrió, cenó, pareció

14
1. El año pasado.
2. Hoy.
3. En 2003.
4. Ahora vive en otro país.
5. Para la fiesta de cumpleaños de hoy.
6. Esta clase de español.

15
Lösungsvorschlag:
La mayoría de los empleados vive en casa propia.
Muchos viven con su familia, algunos viven solos y pocos con un compañero.
La mitad de los empleados vive en pisos de entre 50 y 100 m².
Algunos viven en un piso alquilado y pocos en casa de sus padres.
Casi nadie vive en un piso de más de 150 m².

16 **a.**
Betonungsregeln.

b.
Ausspracheübung.

◼ **Portfolio**
Lösungsvorschlag:
- Mi casa es muy grande. Hay tres dormitorios y dos baños.
- ¡Qué zapatos más bonitos! – ¿Tú crees? Pues son viejos.